El silencio de los perros

Lourdes Miquel

El silencio
de los perros

Ernst Klett Sprachen
Stuttgart

Bildquellenverzeichnis
42.1 Thinkstock (Pingebat), München; **42.2** Thinkstock (Pingebat), München; **42.3** Thinkstock (Pingebat), München; **42.4** Thinkstock (yayayoyo), München; **59** Thinkstock (dikobraziy), München; **61** Shutterstock (Anton_Ivanov), New York; **62** alionabirukova / Shutterstock, Inc.; **63** Thinkstock (TomasSereda), München; **64** America Studio / Shutterstock, Inc.;

1. Auflage 1 $^{6\,5\,4\,3}$ | 2025 24 23 22 21

Alle Drucke dieser Auflage sind unverändert und können im Unterricht nebeneinander verwendet werden.

© Ernst Klett Sprachen GmbH, Rotebühlstraße 77, 70178 Stuttgart 2017.
Alle Rechte vorbehalten.
Internetadresse: www.klett-sprachen.de

Autorin: Lourdes Miquel
Redaktion: Simone Roth
Tontechnik: custom music, Andreas Nesic, Stuttgart
Sprecher: Julio José Serrano Porras
Zeichnungen: Matthias Pflügner
Layoutkonzeption: Andreas Drabarek
Gestaltung und Satz: Satzkasten, Stuttgart
Umschlaggestaltung: Andreas Drabarek
Titelbild: Shutterstock (cynoclub) + Shutterstock (Wilm Ihlenfeld), New York
Druck und Bindung: Plump Druck & Medien GmbH, Rolandsecker Weg 33, 53619 Rheinbreitbach

Printed in Germany

ISBN 978-3-12-535714-3

Índice

Zu diesem Buch gibt es Audiodateien, Aufgaben zum Leseverstehen sowie Lösungen, die mit der Klett-Augmented-App geladen und abgespielt werden können.

| Klett-Augmented-App kostenlos downloaden und installieren | App auf Smart-phone oder Tablet öffnen und Cover auswählen | Kamera des Smart-phones oder Tablets über**diese** Seite halten und komplett scannen | Die Medien-dateien laden, direkt abspielen oder speichern für Offline-Nutzung |

Las personas

La familia Egea:
Julián Egea, el padre
Alejandra Rius, la madre
Álvaro Egea Rius, el hijo mayor, de 17 años
Ana Egea Rius, la hija menor, de 15 años

Robin, estudiante alemán de intercambio en España
Daniel, el mejor amigo de Álvaro Egea
Claudia, la novia de Daniel
La inspectora Martín
Manuel Rojas, abogado de la familia Egea

1. La felicidad. O casi

"Esto se parece a la felicidad –piensa Robin–. Un nuevo país, una nueva ciudad, nuevos amigos, una familia española muy simpática y, además, una casa con jardín en el mejor barrio de Barcelona… ¡Y en verano! Estoy bien, muy bien. Y estoy olvidando. Olvidando, por fin. Berlín está lejos y yo estoy empezando de nuevo. Y empezar así y con sol es más fácil, mucho más fácil".

–¿En qué piensas, Robin? –le pregunta Claudia mientras se sienta a su lado en el sofá.

–En la felicidad.

–Uauuu. Eso es muy serio.

–Lo es, lo es, –dice, riéndose, Robin.

–¿Y te sientes feliz?

5 –Bueno, estos días aquí en Barcelona y con vosotros, sí. Estoy muy, muy contento.

–Qué bien, tío. Me alegro un montón–.

Álvaro y Daniel entran en el estudio donde están Robin y Claudia.

10 –¿De qué te alegras, Claudia? –le pregunta Daniel.

–Robin dice que está muy contento aquí. Feliz.

–Genial –dice Daniel–. Mola.

–Mola mucho –dice Álvaro–.

"La felicidad –piensa Álvaro–. Esa rara y desconocida palabra".

15 –Pero mola más un baño en la piscina, ¿no? –dice.

Jóvenes, despreocupados, casi felices, se echan de cabeza al agua de la piscina y nadan y ríen mientras los tres perros de la casa dan vueltas alrededor.

–¡Esto es vida! –dice Claudia.

20 –Sí –dice Daniel – ¡Esto es vida! –y le da un beso de película. Están enamorados, muy enamorados.

Delante del estudio pasa un equipo de jardineros que se van a trabajar al otro lado del gran jardín, en la parte de detrás de la casa. Un rato después Ana, la hermana de Álvaro, dos años menor que 25 él, llega a la piscina a bañarse un rato.

Robin se alegra muchísimo, pero no dice nada. Es su pequeño secreto.

–¿Sabéis qué, tíos? –dice Ana.

–¿Qué?

---

2 uauuu wow | 3 riéndose (→ reírse) lachend | 7 tío *juv* Mann, Alter | 7 un montón *coloq* = mucho | 8 el estudio Atelier | 12 molar *juv* gustar mucho | 14 desconocido (→ conocer) unbekannt | 16 despreocupado ≠ preocupado, unbekümmert | 21 enamorado (→ el amor) verliebt

–¿Esta noche es luna llena? Y en la tele han dicho que es una luna especial, que solo podemos ver cada 70 años. Y, además, habrá un eclipse.

–Sí. Será bonito verlo.

–No, Claudia, no será bonito, nada bonito –dice Ana muy seria.

–¿No? ¿Por qué?

–Han dicho –explica Ana –que pueden pasar cosas terribles.

–No digas chorradas, Ana –dice Álvaro.

–¿Chorradas? Estamos hablando de la luna. ¡De la luna! Influye en el mar, en el cuerpo, ¡en todo! –dice Ana.

–Yo es que soy muy racional, Ana –dice Daniel –y no creo en nada de eso. Ni en la influencia de la luna ni en el zodiaco ni en nada.

–¿Queeeé? ¿Tú no crees en los signos del zodiaco?

–No, en absoluto.

–Bueno, dice Robin– yo tampoco creo.

–¿En serio? -dice Ana, escandalizada–.

–A ver, Ana –le dice Álvaro-. Un ejemplo: tú has dicho muchas veces que papá y mamá son de signos incompatibles, ¿no? Pues ya llevan casi 20 años juntos.

–Bueno, bueno… Ya veremos en el futuro. Ya veremos. La vida es muy larga – dice Ana–. Por cierto, Robin, ¿tú de qué signo eres?

–Cáncer.

–Mmmm. Un signo difícil, complicado, lunático, muy lunático … –dice, muy pensativa, Ana.

–¿Y tú? – a Robin le da vergüenza hablar de eso, pero le interesa saber cosas de Ana.

–Virgo.

Robin no se atreve a preguntar si son signos compatibles o incompatibles.

---

1 la luna llena Vollmond | 8 una chorrada *coloq* Dummheit | 19 incompatible unvereinbar | 22 por cierto übrigens | 24 lunático launisch | 25 pensativo nachdenklich | 26 dar vergüenza sich schämen

—Me voy a mi habitación a estudiar —dice Ana de repente.

Cuando Ana se va, Robin pregunta:

—¿Se ha enfadado?

—Siempre se enfada —dice Álvaro—. Ya se le pasará.

La tarde pasa tranquilamente entre risas, conversaciones, y carreras en la piscina.

—¿Volvemos al estudio? —dice Álvaro cerca de las ocho.

El estudio es un gran *loft* junto a la piscina, con inmensas ventanas que dan al jardín. Hay sofás, ordenadores, un gran televisor, películas, muchos libros y música, mucha música. Y una nevera para las bebidas.

—¡Qué bien vivís en este país! —dice Robin cogiendo otra lata.

—Un momento, Robin, un momento… —le dice Daniel—. No todos los españoles vivimos así, ¿eh? Tío, que estás en Pedralbes, el barrio más pijo de Barcelona, y en casa de una de las familias más ricas de esta ciudad.

—Bueno, bueno, no exageres —le dice Álvaro a Daniel.

—Álvaro, tío, es la verdad. Que Robin es extranjero y va a pensar que esto es lo normal…

—Vale, vale…

A Álvaro no le gusta hablar de lo rica que es su familia. Le da un poco de vergüenza, sobre todo delante de Daniel.

—Un día te llevo a mi casa para que veas cómo vive la mayoría de la gente de este país —le dice Daniel a Robin.

—Porque, una cosa: ¿vosotros dos de qué os conocéis? – le pregunta Robin

—De jugar a fútbol. Teníamos cuatro años y jugábamos los dos en el mismo equipo. Y desde entonces somos súper amigos.

— ¡Qué guay!

---

4 Ya se le pasará. *loc* Sie kriegt sich schon wieder ein. | 12 la lata Dose | 14 Pedralbes *Exklusiver Stadtteil von Barcelona.* | 15 pijo Schickimicki | 23 la mayoría Mehrheit | 29 guay *juv* klasse, super, cool

Mientras Álvaro busca una canción y la pone: "Felicità", se oye.

–Dedicada a Robin –dice Álvaro

–¡Oh, nooooo, Álvaro! ¡Esa canción noooo, plis! Es horrible –dice Claudia.

–Sí, tío, horrible y hortera. Busca otra, porfa.

Álvaro se ríe y pone "Es gratis", que también habla de la felicidad, de la felicidad de las pequeñas cosas de la vida.

–Chicos, voy un momento al baño. ¿Queréis algo más? –les pregunta Daniel.

–Sí, Daniel, por favor. Trae más bebidas de la cocina, que ya no nos quedan –le pide Álvaro.

Es casi de noche y en el jardín hay mucho silencio. Solo se oye la canción que ha puesto Álvaro y la tranquila respiración de los perros, que duermen en un sofá.

Pero, de repente, se oyen unas voces muy fuertes, gente que corre por el jardín hacia el aparcamiento, un hombre gritando "rápido, rápido, vamos, vamos", las puertas de un coche al cerrarse, el ruido del motor de un coche que se va y, enseguida, los gritos de Alejandra, la madre de Álvaro:

–¡Nos han robado! ¡Nos han robado! – Alejandra entra corriendo en el estudio, muy asustada, seguida de Ana y de Daniel.

–¿Qué dices, mamá? –le pregunta Álvaro.

–¡Que nos han robado! No sé cómo ha podido pasar, pero nos han robado.

–¡Dios mío! ¿Estáis los tres bien?

–Sí, sí, estamos bien – dice Alejandra–. Pero, por lo que he visto, creo que se han llevado todos los cuadros del salón y me ha parecido que también han abierto la caja fuerte.

---

3 plis *coloq abgeleitet vom Englischen please* | 5 hortera *coloq* de muy mal gusto | 5 porfa *juv* = por favor | 13 la respiración (→ respirar) Atmen, Atmung | 16 gritar (→ el grito) schreien | 20 robar (be)stehlen | 21 asustado (→ el susto) erschrocken | 28 la caja fuerte Tresor

Ana se abraza a su hermano.

–¡Qué miedo, Álvaro! ¡Qué miedo!

–Tranquila, Ana, tranquila. ¿Habéis visto algo?

Ana empieza a llorar:

–Yo estaba en mi habitación estudiando y he oído gritos en el jardín. No sabía si bajar o no…..

–Yo –dice la madre– estaba arriba en mi estudio, pintando, y, he oído gente que corría por el jardín, pero he pensado que erais vosotros… Pero, luego, enseguida, he oído voces extrañas y unos gritos y, entonces, he bajado para ver qué pasaba.

–¿Y tú, Daniel, no has visto nada desde la cocina? –pregunta Álvaro.

Daniel está muy nervioso, inquieto… No mira a nadie a los ojos. Parece ocultar algo.

–No, nada –dice–. Yo también he oído a gente que corría pero no me ha parecido raro. Luego he oído un hombre que gritaba y, cuando iba a salir, ya ha llegado tu madre y….

Daniel calla un momento.

–Tu madre y, un poco después,… Ana -continúa.

–Mamá, ¿no les has preguntado a Maruja y a Anselmo si han visto algo? –pregunta Álvaro.

–No, no. Es que esta tarde no trabajan, Álvaro. Les di la tarde libre –le explica la madre.

"Claro –piensa Daniel–. Es lógico. Muy lógico".

–Pues vamos a preguntarles a los jardineros si han visto algo –dice Álvaro.

–¿A los jardineros? ¿A qué jardineros? –pregunta Alejandra.

–Pues a los que están trabajando en el jardín, mamá. Han estado toda la tarde.

–Pero si los jardineros no tenían que venir hoy, Álvaro. Yo no los avisé…. Qué extraño. Diles que vengan, por favor. Yo voy a llamar a la policía y a vuestro padre.

Claudia se da cuenta de que Daniel está raro.

–¿Te pasa algo, Dani?

–No, nada, nada, de verdad. Solo asustado, como todos.

"No, no puedo, no puedo decírselo a Claudia –piensa Daniel–. Demasiada responsabilidad para ella. ¿Pero a quién se lo puedo contar? ¿O tengo que callar y no decir nada a nadie? Y, jolín, qué ironía: necesito contarle a Álvaro lo que no puedo contarle a él. No sé qué hacer.".

En ese momento llega la policía. Los jardineros han desaparecido.

— jardineros
— ricos
— felicidad
— jardín
— España

2 Tensión, mucha tensión

La policía hace preguntas, muchas preguntas: "¿Han visto las caras de los supuestos jardineros?", "¿cuántos eran?", "¿a qué hora han llegado?", "¿pasó algo raro los días anteriores al robo?", "¿algún sospechoso?"…

A Robin lo interrogan como a todos, pero él está más estresado: los policías hablan muy rápido, demasiado rápido, y él necesita pensar antes de hablar.

---

1 la tensión (An)Spannung | 3 supuesto angeblich | 6 interrogar befragen

–Perdone, ¿puede repetir? –le dice a un policía–. Es que soy alemán y me cuesta hablar en español.

Claudia oye a Robin: "Pobrecito –piensa–. Estaba tan feliz esta mañana y, ahora, hablando con la policía y metido en este lío tan *heavy*".

El policía le repite la pregunta a Robin:

–¿Cuánto tiempo ha pasado desde que han llegado los jardineros hasta que ha empezado el follón en el jardín?

–¿Follón?

–Sí, quiero decir los ruidos, la gente corriendo, …. todo ese caos.

–Ah, vale…. No sé, ¿dos horas quizás? ¿Dos horas y media?

Un Mercedes gris llega al aparcamiento de la casa. De él baja, corriendo y nervioso, el padre de Álvaro y de Ana, Julián Egea. Enseguida va a buscar a su mujer:

–¿Qué ha pasado, Alejandra? ¿Estáis todos bien?

–Sí, sí. Muy asustados, pero bien –dice Alejandra.

–¿Dónde están Álvaro y Ana?

–Hablando con la policía.

–¿Pero qué es lo que ha pasado exactamente? –pregunta Julián.

–Exactamente no lo sé, Julián, porque yo estaba arriba, en mi estudio, pero, de repente, he oído un follón por el jardín. He bajado para ver qué pasaba y, al llegar al salón, he visto que estaba completamente desordenado y sin los cuadros. Y también me ha parecido que la caja fuerte estaba abierta… He empezado a gritar y he ido corriendo a buscar a Álvaro que estaba en el *loft* con sus amigos… Por cierto, los chicos dicen que han visto pasar a unos jardineros, pero hoy no tenían que venir.

–¿Lo has comprobado en Ecoplanta?

---

2 costarle *+ inf* schwer fallen | 8 el follón *coloq* Durcheinander, Chaos | 24 desordenado durcheinander

–Sí, sí, claro. Y cuando la policía ha llegado, los jardineros, los supuestos jardineros, ya no estaban.

–Qué sorpresa –dice Julián con ironía–. ¿Y sabemos ya todo lo que se han llevado ?

5 –Pues todo, todo, no lo sabemos todavía. La policía no nos deja pasar. Están buscando huellas. Pero dicen que en el salón no queda ninguna escultura y ningún cuadro. Ninguno. Es horrible, verdaderamente horrible –Alejandra está a punto de llorar.

–¿Estás diciendo que nos hemos quedado sin el Picasso, los

10 Miró, los Casas…a pesar de todas nuestras medidas de seguridad? –pregunta Julián, pálido y completamente horrorizado.

–Sí, Julián. Sin ni un solo cuadro de valor y ni una escultura. ¡Nada! Y, además, la policía ha confirmado que la caja fuerte estaba abierta…

15 –O sea que, adiós dinero y joyas.

Alejandra empieza a llorar:

–Y no es solo el precio económico, es su valor sentimental. Todas las joyas de la abuela, de mi madre…. ¡Qué tristeza!

–¡Malditos ladrones! ¿Y las alarmas no han sonado?

20 –No, no han sonado. No sé por qué, pero no han sonado.

Van al salón donde la policía está terminando de tomar huellas y de hacer fotos.

–¡Papá! –Ana se abraza a su padre.

–Hijos, ¿cómo estáis? Y vosotros, chicos, ¿estáis bien? ¿Estáis

25 muy asustados?

–Un poco sí, la verdad –dice Álvaro, abrazando a su padre– Cuando ves esto en las películas, no es como en la realidad…

---

6 la huella Spur | 8 estar a punto de + inf drauf und dran sein zu, im Begriff sein, etw. zu tun | 10 Ramón Casas pintor catalán | 10 las medidas de seguridad Sicherheitsmaß-nahmen | 11 pálido bleich | 15 o sea que das heißt | 17 el valor sentimental emotionaler Wert | 19 maldito verdammt

–Desde luego, desde luego… Me ha dicho mamá que vosotros habéis visto pasar a los jardineros, ¿verdad? –pregunta Julián.

–Sí –contesta Álvaro–. Los hemos visto entrar y que iban a trabajar al otro lado de la casa. A mí me ha parecido normal. Vienen constantemente.

–Yo no los he visto llegar–dice Ana– porque estaba arriba, en mi habitación. Y luego, cuando se ha organizado todo el follón, tampoco he visto nada… Solo he oído ruidos. Ah –dice también Ana–, y Daniel tampoco ha visto nada porque, en ese momento, estaba conmigo en mi habitación.

–¿Cómo? –el padre parece enfadado de repente– ¿Daniel, tú qué hacías en la habitación de Ana?

–Yo, yo…–Daniel no puede terminar la frase porque Ana dice:

–Estaba ayudándome con una cosa del ordenador.

Todo el mundo mira a Daniel. Daniel está paralizado, baja los ojos y calla.

Claudia está a punto de llorar. "¿Cómo puede ser que Daniel no nos haya dicho que estaba con Ana? ¿Cómo es que ha dicho que estaba en la cocina cuando, en realidad, estaba con esa niña pesada medio enamorada de él? ¿Por qué? No puedo entenderlo. ¿Por qué nos ha mentido a todos? ¿Y por qué me ha mentido a mí? Me siento fatal. Menuda depre".

Lejos de Claudia, cerca de la piscina, Daniel y Álvaro están hablando en voz baja:

–Pero Daniel, ¿tú dónde estabas realmente? ¿Arriba con Ana o en la cocina? –le pregunta Álvaro.

–En la cocina, claro. Primero fui al baño de abajo y, luego, a la cocina.

–¿Y entonces por qué Ana ha dicho eso?

---

14 ayudar helfen | 18 haya dicho (*perfecto de subj von decir*) er hat gesagt | 22 menudo = ¡Qué! *hier:* was für eine, welch eine | 22 la depre *coloq.* = depresión | 24 en voz baja leise

–No lo sé, la verdad –contesta, muy preocupado, Daniel-.

– A mí me parece –dice Álvaro después de pensar un poco –que lo ha dicho para defenderte delante de mi padre porque sabe que tú a mi padre nunca le has gustado.

–Sí, ya, el rollo de siempre… Soy de una familia de clase media y eso es demasiado poco para él –dice Daniel con ironía.

–Exacto –dice Álvaro–. Ya sabemos cómo piensa mi padre y lo clasista que es…

–Ya.

–Y –sigue Álvaro–como eras el único de nosotros que estaba solo, si Ana decía que estabas con ella, ya no podías ser sospechoso de nada.

–Ya. Pero no me ha hecho ningún favor. Yo he dicho una cosa y Ana, otra. Seguro que ahora la policía, y también Claudia, creen que he mentido. Yo es que flipo, tío.

–Habla con Claudia y explícaselo –le dice Álvaro –lo entenderá.

–Sí, claro. Es lo que voy a hacer.

"Esto es dramático –piensa Daniel–. No sé si es ético contarle a Claudia lo que vi y tampoco puedo contárselo a Álvaro. Ahora tengo un problema con todo el mundo: con la policía, con Claudia, con Álvaro, con Ana, con la madre de Álvaro y con el imbécil del padre de Álvaro, que se piensa que es superior a todo el mundo porque tiene más dinero que la mayoría. Menudo idiota. Solo puedo confiar en Robin".

Poco a poco los policías van terminando su trabajo en la planta baja de la casa. El salón se queda desordenado y vacío. Ana y Robin se sientan en un sofá, Álvaro en otro. Están agotados.

Claudia habla con una policía:

---

5 **el rollo de siempre** *coloq* immer die gleiche Leier | 8 **clasista** klassenbewusst, Anhänger der Klassengesellschaft | 15 **flipar** *juv* ausflippen | 27 **agotado** erschöpft

–¿Podemos volver a nuestras casas ya? –Claudia solo quiere irse, encerrarse en su habitación, llorar y pensar. Pensar si puede confiar en Daniel o no.

–No, todavía no pueden irse. Deben quedarse hasta que hayamos terminado con todo. Una o dos horas más, quizá.

Alejandra habla con Maruja y Anselmo, que ya han vuelto de su día libre, y organiza una cena rápida que sirven en la enorme cocina. Durante la cena hay un gran silencio. Cansancio, hambre, tristeza, nervios y tensión. Demasiada tensión.

–Os he hecho gazpacho… –dice Maruja.

"¡Qué bueno!" –piensa Robin.

–Y tortilla de patatas y pan con tomate. A ver si os animáis.–

"¿Animarnos? Imposible. Maldita luna", piensa Ana.

La policía llama a los padres para hablar con ellos. Desde la cocina todos oyen la conversación. Los padres dan a la policía la enorme lista de las joyas, las piezas de plata, los cuadros y esculturas que les han robado.

–¿Cómo es que tenéis tantos cuadros buenos? –pregunta, inocentemente, Robin.

–'Teníamos', mejor dicho, porque ya no los tenemos… –corrige Álvaro, muy triste–. Es que mi bisabuelo Jaume Rius, el abuelo de mi madre, era un industrial catalán muy importante que empezó a comprar arte porque le gustaba y porque tenía muchos amigos artistas. Conoció a Picasso, a Miró… –¿En serio? –dice Robin– ¿A Picasso? –Sí, sí y a pintores catalanes como Fortuny y Casas –sigue Álvaro–. Y poco a poco consiguió una colección muy importante. Luego su hijo, mi abuelo Ricardo, el padre de mi madre, siguió con todo: con la empresa familiar y con la colección de arte…

2 encerrarse en sich einschließen | 10 el gazpacho *kalte Gemüsesuppe* | 12 pan con tomate *katalanische Spezialität* Brot mit Tomaten bestrichen | 18 inocente unschuldig | 21 el bisabuelo Urgroßvater | 25 conseguir zustande bringen | 25 una colección (→ coleccionar) Sammlung

–Jolín, qué suerte poder comprarse un Picasso o un Miró para ponerlo en el salón –dice Robin–. Mola cantidad.

–Y, además, mi abuela Ágata, la mujer de mi abuelo Ricardo, tenía pasión por las joyas –explica Ana–. Y como mi abuelo viajaba mucho, siempre le traía joyas impresionantes de los viajes, sobre todo de Cartier en París y de Tiffany en Nueva York.

–Se las compraba para hacerse perdonar, jeje –añade Álvaro– Mi abuelo salía mucho con sus amigos y estaba poco, muy poco, en casa.

–El caso es que, entre las joyas de la bisabuela y las de la abuela, tienen una colección muy importante –dice Ana.

–'Tenían'… –corrige de nuevo Álvaro– Y, luego, todo lo heredó mi madre porque su hermano Alfredo, mi tío, murió cuando era muy joven de un accidente de coche.

–Demasiada velocidad y demasiado alcohol –dice Ana.

–O sea que ahora todo es de tu madre… La colección de arte, las joyas, las casas… –comenta Robin.

–Sí, todo. Bueno, menos la empresa, que ya no existe.

–¿Y la familia de vuestro padre también es tan rica? –pregunta Robin.

–No, no, qué va –dice Ana– La familia de mi padre es muy normal. Mi padre pudo estudiar en la Universidad porque su padre trabajaba en dos sitios para pagarle los estudios.

Álvaro mira a Daniel, que, a su vez, mira a Álvaro. "¿O sea que ese clasista imbécil es de una familia más humilde que la mía? Espero no volverme nunca así de cretino" –piensa Daniel.

Mientras, Robin piensa en lo guapa que estaría Ana con las joyas de Tiffany y de Cartier. Y en lo guapa que está sin.

---

2 Mola cantidad. *loc juv* Das ist ja cool. | 4 tener pasión por lieben | 10 el caso es que es ist so, dass | 12 heredar erben | 21 qué va keinesfalls | 25 humilde einfach | 26 cretino dumm

3. Sospechosos habituales

Mientras tanto, en el salón, la inspectora de policía responsable de la investigación y un policía de su equipo hablan con Julián y Alejandra.

–Este caso, por lo que estamos viendo, es realmente extraño. Ustedes aseguran que la caja fuerte está siempre cerrada y que tiene siempre conectada una alarma …

–Exacto –dice Alejandra.

–Y, sin embargo, los ladrones han abierto la caja fuerte y la alarma no ha sonado.

–Eso parece, sí –dice Julián, con un tono de voz muy agresivo–. Y tampoco han sonado las alarmas del jardín ni de la entrada.

–Efectivamente. También dicen ustedes –continúa la inspectora –que las cámaras de seguridad están conectadas permanente-mente, día y noche.

–Exacto. Nunca las desconectamos. No importa si estamos en casa o no –explica Alejandra.

–Pero, sin embargo, esta tarde estaban desconectadas –dice la policía –. ¿Están seguros de que ustedes mismos no las han desco-nectado? Puede ser un error o un descuido…. A veces nos equivo-camos…

–Le aseguro que estaban conectadas –dice Julián–. Este medio-día, antes de volver a la oficina después de comer, yo mismo lo he comprobado.

–Entonces, ¿quién creen ustedes que ha podido desconectar todo el sistema de seguridad?

–Ni idea, la verdad. No creo que nadie en esta casa pueda estar interesado en eso. ¿Y no puede ser un fallo mecánico? –pregunta Alejandra.

---

3 la investigación Untersuchung | 5 extraño seltsam | 6 asegurar versichern, beteuern
| 7 conectar ≠ desconectar, anschließen | 20 el descuido Versehen, Unachtsamkeit |
20 equivocarse sich täuschen | 28 el fallo Fehler

–Lo hemos comprobado y no, no ha sido mecánico. Alguien lo ha desconectado todo.

–Habrá huellas, entonces –dice Julián.

–Hemos tomado huellas de todo. Pronto lo sabremos –comenta el policía.

–¿El personal de la casa es de confianza? –les pregunta la inspectora.

– Totalmente –dice Alejandra. Tanto la cocinera, Maruja, como el mayordomo, Anselmo, son personas de toda confianza. Llevan más de 30 años en esta casa, desde que yo era adolescente.

–¿Y una pregunta más? Ustedes tienen tres perros, ¿verdad? ¿Y no han hecho nada especial? ¿No han ladrado o se han puesto nerviosos?

–Pues no lo sé… Normalmente son muy tranquilos aunque cuando entra algún desconocido, ladran –explica la madre–. Pero no sé qué han hecho esta tarde. Pregúnteselo a mi hijo Álvaro. Estaban con él.

–Así lo haremos –les dice la inspectora–. De momento, señores, esto es todo por hoy. Les llamaremos si tenemos alguna novedad. Estamos haciendo todo lo posible por encontrar rápidamente a los culpables. El tiempo es muy importante en estos casos porque los ladrones de arte son muy rápidos sacando las obras del país. Los aeropuertos, el puerto y las estaciones de tren ya están avisados y hay controles de carretera. También hemos contactado con la Interpol.

–Muchas gracias –dice Alejandra.

–Ahora ustedes traten de relajarse y duerman tranquilos –continúa la inspectora–. Y si tienen algún dato más, no duden en llamarme a cualquier hora. Soy la responsable del caso.

---

9 el mayordomo **Butler** | 12 ladrar **bellen** | 15 desconocido (→ conocer) **unbekannt** | 19 la novedad (→ nuevo) **Neuheit** | 21 el culpable **Schuldiger** | 23 el puerto **Hafen** | 27 traten *(Imperativ von tratar)* **versuchen Sie** | 27 duerman *(Imperativ von dormir)* **schlafen Sie** | 28 No duden en llamarme a cualquier hora. **Rufen Sie mich jederzeit an.**

La policía les da una tarjeta:

CUERPO NACIONAL DE POLICÍA

Cristina Martín Vázquez

Inspectora Jefe
Servicio de investigación
de robos de arte y
crimen organizado

Antes de irse, la inspectora pasa por la cocina y pregunta:

—¿Alguno de vosotros recuerda dónde estaban los perros cuando ha pasado todo?

—Estaban con nosotros en el estudio del jardín —contesta Álvaro.

—¿Y estaban normales? —pregunta la policía.

—Sí, muy normales. Primero han jugado por la piscina y, luego, han venido al estudio y se han puesto a dormir. Han estado durmiendo toda la tarde.

—De hecho —dice Álvaro—, ahora que lo pienso, creo que han dormido más de lo normal.

—¿Y dónde están ahora? —pregunta el policía.

Álvaro mira debajo de la mesa:

—¡Qué raro! Aquí no están. ¿No estarán en el salón con los papás, Ana?

—Voy a ver —dice Ana.

Un minuto después vuelve a la cocina:

—No, no están.

—Esto es rarísimo —dice Álvaro—. Siempre están con nosotros. Miremos en el estudio.

---

11 de hecho eigentlich | 21 miremos *(Imperativ von mirar)* lasst uns nachsehen

Los dos policías acompañan a Álvaro. Cuando se abre la puerta del *loft* encuentran a los tres perros durmiendo profundamente en los sofás.

–Esto no es normal –dice Álvaro–. Nada normal.

5 –Vamos a coger un poco de la comida y de la bebida de los perros para analizarla, ¿dónde está? –pregunta el policía.

–Aquí, en el jardín –dice Álvaro, indicando el lugar exacto a los policías.

–Y antes de irnos –dice la inspectora– queremos hablar un
10 momento con Daniel. ¿Puedes decirle que venga, Álvaro, por favor? Muchas gracias.

La inspectora se queda en la puerta del estudio y, unos minutos después, llega Daniel.

–A ver, Daniel, de todas las versiones que nos han dado hoy, la
15 única que es contradictoria es la tuya. Tú y tus amigos nos habéis dicho que estabas en la cocina buscando más bebidas, pero la hermana de Álvaro dice que estabas con ella en su habitación… Yo creo en tu inocencia –dice la policía–…

"Vaya, el típico rollo: poli bueno, poli malo. Como en las pelícu-
20 las" –piensa Daniel.

–Pero tendrás que decirnos la verdad o tendré que investigarte como principal sospechoso…

–¿Sospechoso, yo? ¿Es una broma? –dice, asustadísimo, Daniel.

–Al menos sospechoso de desconectar las alarmas y las cámaras
25 de seguridad cuando estabas en la cocina.

–¿De desconectar qué? Pero si ni siquiera sé dónde están conectadas… ¿Y, además, qué ganaría yo con eso?

–Bueno, no sé… dice la inspectora–. Hay gente que le paga a otra gente para que haga cosas… A lo mejor alguien te ofreció
30 dinero, mucho dinero, para hacer una cosa de este tipo…

---

1 acompañar **begleiten** | 2 profundamente **tief und fest** | 10 venga *(Imperativ von venir)* er soll bekommen | 15 contradictorio **widersprüchlich** | 18 la inocencia **Unschuld** | 19 el poli = el policía | 23 la broma **Scherz** | 26 ni siquiera **nicht einmal** | 29 haga *(presente de subj von hacer)* machen | 29 ofrecer **(an)bieten**

–¿Pero están todos locos? Nunca, nun–ca, haría algo así y mucho menos a mi amigo Álvaro o a su familia… ¡Por favor! ¡Somos amigos desde los cuatro años!

–El padre de Álvaro nos ha dicho que quizá necesitabas dinero, que tu familia tiene algunos problemas económicos y que pagar la universidad es muy caro…

De repente, de detrás de unos árboles, sale Ana gritando:

–¿Mi padre ha dicho eso? ¿Mi padre ha dicho eso?

–¿Puedo saber qué hacías escuchando detrás de un árbol? –le pregunta la policía a Ana.

Ana se echa a llorar y se va corriendo hacia la casa: "La luna, la luna. Lo han dicho. Cosas terribles, terribles" va pensando Ana. La inspectora la sigue y le pide a Daniel que vaya con ellas.

Ana entra en el salón llorando y gritando:

–Papá, ¿tú le has dicho a la policía que sospechas de Daniel? Dime, ¿se lo has dicho?

–¿Quééé? –dice Álvaro enfadadísimo, levantándose de la mesa–. Pero, papá, ¿cómo te atreves? Daniel es mi mejor amigo. Mi amigo de toda la vida, ¿y tú le haces esto?

Claudia está horrorizada. Nunca había vivido una situación tan tensa. "Pero Daniel puede mentir –piensa–. Yo sé que puede mentir. Quizá no sea tan buena persona como cree Álvaro…".

Ana sigue llorando y Robin aprovecha para ponerse rápidamente a su lado. Daniel mira hacia el suelo. Alejandra mira a Julián esperando una respuesta. Julián, al final, habla.

–Vosotros tres, Álvaro, Robin y Claudia, habéis dicho que Daniel estaba en la cocina. Y tú mismo, Daniel lo has dicho en un primer momento.

–Cierto –dice Daniel.

---

21 tenso (→ la tensión) angespannt | 23 aprovechar ausnutzen

−Y si eso es verdad quiere decir que estabas solo en la cocina. Tú solo, sin nadie más, porque los demás estaban en el estudio del jardín, Ana en su habitación y mi mujer en el estudio de arriba. Y resulta que la alarma y las cámaras se conectan y desconectan desde la cocina…

−Pero…. −intenta decir Daniel

Julián Egea continúa hablando:

−Por tanto, solo tú, Daniel, has tenido la oportunidad de hacerlo sin que nadie se diera cuenta.

−No, papá. Estás equivocado −dice Álvaro muy serio−. Daniel no era el único que ha estado un rato solo. Ana ha pasado mucho rato sola y mamá también… Y eso no las convierte en culpables.

Alejandra se pone muy nerviosa y colorada. Parece que va a empezar a llorar.

−¡Daniel no estaba solo! −grita Ana−. Daniel estaba conmigo. Conmigo en mi habitación.

−¿Quieres callarte, Ana? ¡Ya basta! −grita Álvaro−. Daniel ha dicho que estaba en la cocina porque de verdad estaba en la cocina. Y basta de dudar de él, papá. Es absurdo…

−El hecho es que ahora mismo no podemos saber cuándo han desconectado la alarma −dice la inspectora−. Todavía no tenemos esa información, pero la vamos a conseguir dentro de unas horas. Ese dato será muy importante. Mañana seguiré informándoles de todo. Les dejo descansar. Buenas noches.

Cuando la inspectora se va, Ana vuelve a gritarle a su padre, delante de todos:

−No entiendo lo que has hecho, papá. No entiendo por qué intentas acusar a Daniel. Todos sabemos que le tienes manía, que piensas que su familia es demasiado pobre para ti…. Pero, ¿quieres

---

2 los demás die Anderen | 4 resultar so sein | 9 sin que nadie se diera cuenta ohne dass jemand etwas bemerkt hätte | 22 conseguir erlangen | 28 la manía Abneigung

que te diga una cosa, papá? Te has olvidado de que tu familia era muy pobre. Y eso es muy, muy triste.

–Ana, cállate –le ordena su madre.

–No, mamá, no me voy a callar… Todo lo que tú tienes, papá, todo: tus coches, esta casa, tu barco, tu casa en Mallorca, la masía de Pals, el apartamento en los Alpes, tus motos, tus relojes, toooodo, se lo debes a mamá.

–Ana, ya basta –dice su madre.

–A mamá y a la familia de mamá. Tú no tienes nada tuyo. Na –da.

–Ana, por favor, ya basta –insiste la madre.

Julián, rojo de rabia, sale en silencio del salón y sube a su habitación.

"¡Caramba con Ana! –piensa Daniel–. No es tan estúpida ni tan niña pija como pensaba.".

Robin está completamente paralizado. No sabe si lo ha entendido todo. Solo sabe que Ana ha sido muy valiente defendiendo a Daniel, pero también intuye que Ana está enamorada de Daniel y no de él como le gustaría.

Claudia no lo intuye, lo sabe. Lo acaba de ver. Se pregunta si será verdad lo de la luna. Y se va discretamente a su moto y a casa.

Antes de irse a la suya, Daniel abraza a Ana, y le dice en voz baja:

–Gracias, Ana, por lo que has hecho por mí hoy. Eres estupenda. Pero no era necesario mentir. Soy absolutamente inocente.

---

1 diga *(presente de subj von decir)* sage | 5 la masía Gehöft | 6 Pals *Küstenstadt, in der viele Reiche aus Barcelona den Sommer verbringen* | 12 rojo de rabia *loc* rot vor Wut | 18 intuir fühlen, spüren

4. Secretos y mentiras

El sol sale como cada día y se refleja en el agua de la piscina. Será un caluroso día de verano. Los perros se despiertan muy lentamente y salen al jardín con mucha calma, cansados, dormidos todavía. En la cocina Maruja prepara el desayuno y Anselmo lo sirve en el comedor.

A Robin, en Barcelona, le gusta levantarse pronto, cuando todo está en silencio, darse un baño en la piscina y tomarse un café en el jardín, sin pensar en nada. Solo durante un rato, sin pensar en nada.

Cuando está a punto de entrar en la casa, oye a Julián, hablando con Alejandra. Robin sabe reconocer perfectamente cuando un matrimonio va mal, muy mal.

La tranquilidad de la casa termina pronto porque el jardín se llena de policías que vuelven a inspeccionarlo todo a la luz del día: pisadas, huellas de neumáticos y nuevas preguntas.

La inspectora Martín va directamente al comedor para hablar con Julián y Alejandra, que están desayunando allí.

–Buenos días, señores. Tenemos ya algunos datos que pueden ser interesantes…

–¿Quiere sentarse con nosotros y tomar un café, inspectora? –le dice Alejandra.

–No, muchas gracias. No tengo mucho tiempo. En primer lugar quería decirles que hemos comprobado que en la comida de los perros había un sedante.

– Oh, pobrecitos –dice Alejandra–. Por eso estuvieron durmiendo tanto.

–Pero eso, entonces, significa que las personas que lo han hecho sabían que tenemos perros –dice Julián–.

–Efectivamente –afirma la inspectora–. Y hay más. También sabemos la hora exacta en que se desconectaron las alarmas. Fue a las 17:37.

Álvaro acaba de entrar en el comedor:

–Entonces –dice Álvaro– si fue a esa hora, está súper claro que Daniel no pudo desconectarla.

–¿Por qué? –pregunta la inspectora.

–Porque a esa hora estábamos todos en la piscina.

–¿Y hasta qué hora estuvisteis?

–Pues empezamos a bañarnos sobre las cinco o cinco y cinco, justo cuando papá se fue a trabajar, y estuvimos hasta un poco antes de las ocho.

---

6 el neumático **Reifen** | 14 comprobar **überprüfen** | 15 el sedante **Beruhigungsmittel** |
20 afirmar **bestätigen** | 24 súper *juv* = muy

–¿Y entonces fuisteis al *loft*? –pregunta la inspectora.

–Sí, exacto. Y allí estuvimos hasta que oímos esas voces y esos ruidos y vino mi madre.

–¿Y Daniel fue a la casa cuando ya estabais en el loft?

–Sí, sí. Se fue hacia las ocho o, quizás, a las ocho y cuarto. Quería ir al baño y yo le pedí que fuera a la cocina a buscar bebidas.

–¿Y recuerdas a qué hora llegaron los jardineros?

–Pues acabábamos de llegar a la piscina… O sea que serían las cinco y cuarto o, máximo, las cinco y media –contesta Álvaro.

–Por tanto, todo hace pensar que las alarmas las desconectaron los jardineros… Bueno, los supuestos jardineros –dice la inspectora.

Cuando se va a trabajar al jardín junto a los otros policías, Álvaro le dice a su padre:

–¿Ves lo injusto que fuiste con Daniel? Estoy avergonzado, papá. Completamente avergonzado. Espero que te disculpes.

Alejandra no ha dicho ni dice nada. Mira su café y parece muy triste.

Hacia las once llega Daniel y un poco después llega Claudia. Álvaro les explica lo de los perros y lo de la hora de desconexión de la alarma.

–Ufff. Qué descanso –dice Daniel–. Me alegro muchísimo de no ser uno de los malos, jeje– No he podido dormir en toda la noche. Estaba rayadísimo.

–Pues yo también estoy rayada, Daniel – le dice Claudia muy seria –. Tenemos que hablar.

Y se van juntos a pasear por el jardín.

---

6 **fuera** *(subj imperf von ir)* gehen | 11 **supuesto** angeblich | 15 **estar avergonzado** sich schämen | 22 **el descanso** Erleichterung | 24 **rayadísimo** *juv* sehr besorgt

–Yo tampoco he dormido en toda la noche, tío –dice Claudia. Y ya no sé lo que es verdad y lo que es mentira. Yo estaba completamente segura de que tú no tenías nada que ver con lo de las cámaras y la alarma y todo el rollo ese. Pero necesito que me contestes sinceramente a una pregunta: ¿estabas o no estabas en la habitación con Ana?

–No, claro que no, Claudia. Si hubiera estado allí, te lo hubiera dicho. Yo estaba en la cocina. Primero fui al baño y, luego, entré en la cocina a buscar bebidas y entonces empezó el follón.

–Pero algo pasó, Daniel. Yo sé que pasó algo. Te conozco demasiado bien y cuando volviste al estudio, estabas muy nervioso y muy raro.

–Sí, Claudia, sí. Pasó algo. Pero no te lo puedo contar.

–¿Por qué? ¿Por qué no me lo puedes contar? Soy tu novia, confiamos el uno en el otro… ¿Es algo de Ana?

–No, no es nada de Ana, Claudia. Pero no sé si es ético contarlo… Y si te lo cuento, fliparás y lo pasarás tan mal como yo.

–Me siento fatal, Daniel. Es la primera vez que no me cuentas algo.

Daniel se queda callado y piensa que no quiere tener problemas con Claudia ni hacerle daño. Y empieza a hablar:

–Claudia, prométeme que no se lo dirás a nadie…

–¿Prometer qué? –pregunta Robin, que acaba de llegar.

–Nada –dice Claudia muy seria.

Robin se da cuenta de que pasa algo grave y dice:

–Bueno, yo me voy. Nos vemos luego.

Pero Daniel lo coge del brazo y le dice:

---

3 tener que ver con damit zu tun haben | 4 contestes (*presente de subj von contestar*) *antwortest* | 5 sincero ehrlich | 7 Su hubiera estado allí, te lo hubiera dicho. Wenn ich dort gewesen wäre, dann hätte ich es dir gesagt. | 14 confiar en vertrauen | 21 hacer daño weh tun | 22 prometer versprechen | 25 grave schlimm, ernst

–No, Robin. No te vayas. Quédate. Iba a contarle a Claudia lo que vi ayer. Pero creo que es mejor que lo sepáis los dos. Eso sí: no podéis decírselo a nadie. A na–die. ¿Entendido?

–De acuerdo –dice Robin, un poco asustado.

5 –¿Me lo prometéis?

–Sí.

–A ver, ayer por la tarde, cuando fui a la casa, primero fui al baño y, luego, entré en la cocina a buscar las bebidas que me había pedido Álvaro. Y, de repente…

10 –Empezaron las voces y las carreras por el jardín… –dice Claudia–. Sí, eso ya lo sabemos, Daniel.

–Ya. Pero lo que no sabéis es que, cuando bajó Alejandra, vi que detrás de ella, bajaba un hombre…

–¿Un hombre? –pregunta Claudia–. ¿Quién?

15 –Ni idea –dice Daniel–. No le vi la cara. Pero sí que vi que estaba poniéndose la camisa mientras bajaba las escaleras.

–¿Estás diciendo que era su amante? –pregunta Claudia–. ¿Alejandra tiene un amante?

–Eso creo. Alejandra no se dio cuenta de que yo los había visto.

20 Y, después, vi que el hombre salía al jardín y que iba hacia la puerta que usan los empleados de la casa.

–Alucino. Esto es muy, muy *heavy*.

–Por eso yo no quería explicarlo –dice Daniel–. No quiero hacer daño a nadie.

25 –Desde luego, Álvaro no puede enterarse de esto –dice Claudia.

–Ni Álvaro, ni Ana –dice Robin–. Pobres. Ayer les robaron una fortuna, su madre tiene un amante… ¿Qué más les puede pasar?

–Es muy fuerte… –dice Claudia– Pero una cosa: ¿estamos completamente seguros de que ese hombre, el amante, no está relacio-

30 nado con el robo?

---

1 No te vayas. **Geh nicht weg** | 2 sepáis *(presente de subj von saber)* wisst | 17 el amante Liebhaber | 22 alucinar *juv* total ausflippen | 22 heavy *juv* heftig | 26 pobres die Armen | 28 fuerte = *heavy*, heftig

–Ostras. Eso no lo había pensado –dice Daniel.

–Puede ser –dice Robin–. Imaginad esto: un hombre que pertenece a una red de ladrones de arte y que sabe que Alejandra es riquísima, la seduce y organiza un plan…

–Has visto muchas películas, Robin –le dice Daniel.   5

–Espera, espera… No es una tontería lo que está diciendo Robin –comenta Claudia–. Justo en el momento que ese hombre está con ella en casa, entran unos ladrones que desconectan las alarmas…

–Y duermen a los perros –añade Robin–.

–Mientras él –sigue Claudia – está con Alejandra lo más lejos   10
posible del jardín, arriba, en su estudio, en el último piso de la casa…

–Dicho así, parece muy coherente –dice Robin–.

–¿No deberíamos decirle lo del amante a la policía? –pregunta Claudia.   15

–Un momento, un momento –pide Daniel–. No tenemos ninguna prueba. Solo son hipótesis. ¿Y si ese hombre no tiene ninguna relación con el robo? Si hablamos con la policía, solo perjudicaremos a Alejandra, a Álvaro y a Ana y yo no quiero hacerles daño.

–Es verdad –dice Claudia–. En realidad lo único que sabemos es   20
que Alejandra tiene un amante.

–Y que la relación entre Julián y Alejandra va muy mal. –dice Robin.

–¿Quééééé? –les pregunta Ana– ¿Qué estáis diciendo?

Ana acaba de llegar a la zona del jardín donde estaban hablando   25
Daniel, Claudia y Robin.

–Nada, Ana, nada –le dice Claudia, asustada.

–¿Cómo que "nada"? –dice Ana llorando–. ¿Es verdad que mamá tiene un amante?

---

1 Ostras. *Ausdruck des Erstaunens* | 3 la red Netz, Netzwerk | 4 seducir verführen | 20 único einziger

"Dios mío –piensa Daniel– ¿Cómo puede complicarse todo tanto? ¿Por qué Ana ha tenido que oír eso?".

–No llores, Ana –le dice Daniel abrazándola –. Te lo contaremos todo. No te preocupes. Y todo se arreglará.

Pero Ana sigue llorando desconsoladamente.

–Venga, no llores, por favor –le dice Robin–. Los padres hacen esas cosas. Lo sé por experiencia. Es duro. Pero se puede superar.

Ana se abraza a Robin. Es un regalo inesperado.

Claudia le dice a Daniel:

–No debería haber desconfiado de ti, Daniel. Lo siento.

–Eres una celosa crónica. Pero te quiero –contesta Daniel, besándola apasionadamente.

Cuando Ana está más tranquila, Daniel les dice:

–He estado pensando y creo que es necesario hablar con Álvaro y explicarle lo que sabemos y lo que sospechamos. Yo no quería decírselo para no hacerle daño. Igual que a ti, Ana.

–Ya. Lo entiendo –dice Ana.

–Pero ahora Álvaro es el único de todos nosotros que no tiene la información y no me parece justo. Tiene derecho a saberlo.

Unos minutos después, en el *loft*, Daniel le explica a Álvaro las dudas que ha tenido, le informa de todo lo que sabe y de lo que sospechan.

–Jo, tío. Menudo bajón. No me lo puedo creer –dice Álvaro.

–Es muy *heavy*, Álvaro. Lo siento de verdad.

–Gracias por decírmelo, Daniel –dice Álvaro–. Todo esto no es fácil, colega, nada fácil. Pero prefiero saberlo.

–Ánimo, tíos, contad con nosotros. –les dice Daniel a Álvaro y a Ana.

---

10 desconfiar de misstrauen | 11 celoso eifersüchtig | 15 sospechar vermuten | 21 la duda Zweifel | 23 jo = jolín, *Ausdruck des Erstaunens* | 23 Menudo bajón. *loc juv* Was für ein Schlag!

–¿Qué necesitáis? –les pregunta Claudia.

–Saber quién es el amante de mamá –dice Álvaro. Saber toda la verdad. Ya no somos unos niños. Podremos soportarlo. No es el fin del mundo.

"No, no es el fin del mundo –piensa Robin–. ¿Pero dónde está la felicidad de hace dos días?"

5. La verdad. Toda la verdad

–¿Cómo podemos saber quién es ese típo que se acuesta con mamá? –pregunta Ana.

–Bueno, tenemos dos alternativas –dice Álvaro–: hablar con
5   mamá directamente…

–¿Estás loco? Yo no me veo diciéndole a mamá: "Hola, mamá, ¿cómo se llama tu amante y a qué se dedica?" –dice Ana con ironía.

–Jajaja. Yo tampoco, la verdad. Y la otra opción –continúa
10 Álvaro– es investigarlo por nuestra cuenta.

–Pero esa segunda opción –dice Daniel– nos hará hacer cosas poco éticas: buscar en los armarios y bolsos de Alejandra o mirar su e–mail…

–A mí no me importa –dice Ana–.

15   –A mí tampoco me importa –dice Álvaro–. Quiero saber la verdad. Toda la verdad.

"Bueno –piensa Álvaro, muy preocupado– la verdad es que a mí, en el fondo, sí que me importa espiar a mi madre … Aunque, quizás, esta situación tan especial lo justifica. … ¿O no?".

20   Decididos a saber la verdad preparan un plan. Saben que no va a ser fácil, pero, inmediatamente, se ponen en acción. Ana es la que tiene que conseguir coger el móvil de la madre. Para eso tienen que encontrar el momento ideal. Luego, Daniel, experto en informática, descargará toda la información en un ordenador para poder
25   analizarlo todo: mensajes, registros de llamadas, fotos, vídeos… Y, después, pensarán cómo seguir.

---

9 jaja *lautmalerisches Lachen* | 18 espiar *ausspionieren* | 19 justificar *rechtfertigen* |
20 decidido *fest entschlossen* | 24 descargar *herunterladen* | 25 el registro de llamadas
(→ registrar) *Erfassung der Anrufe* |

Alejandra pasa la mañana atendiendo a la policía, organizando las comidas y cenas con Maruja y hablando por teléfono. Por suerte, sobre la una y media, decide darse un baño en la piscina, donde están Claudia, Robin y Ana.

—A ver si me relajo un poco –dice Alejandra echándose de cabeza al agua – Mmm, ¡qué buena está!.

Y empieza a nadar.

Claudia y Robin miran a Ana, que se sienta al lado de la toalla de su madre donde ha dejado el móvil, lo coge disimuladamente y se va al estudio. Allí están Daniel y Álvaro, preparados para descargarlo todo.

—Aquí hay mucha información –comenta Daniel–. Necesitaré por lo menos diez o doce minutos. ¿Tenemos tanto tiempo?

—No lo sé –dice Ana mirando al jardín–. De momento mamá sigue nadando.

—Avísame si hay algún cambio, Ana.

Unos minutos después Ana dice:

—Daniel, Álvaro, ¡¡¡mamá está a punto de salir de la piscina!!!. ¿Qué hacemos?

—¡Necesito tres o cuatro minutos más! –dice Daniel.

—Tengo una idea –dice Ana–.

Va corriendo a la piscina, se tira y cuando saca la cabeza del agua, dice:

—Ay, ay, ay. ¡Qué daño! ¡Qué golpe me he dado! Estoy muy mareada.

Alejandra va nadando hasta donde está su hija:

—Ay, pobre. Déjame ver qué te ha pasado.

—Es aquí, mamá, aquí.

---

1 atender a schauen nach | 5 relajarse sich entspannen | 9 disimulado heimlich, unauffällig | 13 por lo menos wenigstens | 24 el golpe Schlag | 25 mareado schwindelig

–A ver…. No es nada, no es nada. Respira, respira tranquilamente… ¿Estás mareada todavía?

Ana ve que Álvaro se sienta al lado de la toalla de su madre y deja el móvil donde estaba.

5 –¡No, ya no! Ya estoy mucho mejor. Gracias, mami.

–Mañana tírate con más cuidado, ¿vale? –le dice Alejandra.

–Vale, mami, vale. –contesta Ana.

"¿Mañana? –piensa Ana–. ¿Qué será de nosotros mañana? Ayer por la mañana nadie podía pensar en todo lo que sabemos hoy: 10 unos ladrones nos roban, espiamos a nuestra propia madre, Daniel me abraza, pero ahora me empieza a gustar Robin… ¡Qué extraña es la vida!".

Cuando la madre se va, todos entran en el loft. Tienen que tener cuidado. Hay policías por todo el jardín y nadie puede enterarse de 15 lo que están haciendo.

Miran los registros de llamadas de los últimos meses, los *whatsapps*, …

–Hay muchos teléfonos que se repiten –dice Daniel–. Los vuestros, el de Julián, los de unas tiendas, los de dos o tres galerías de 20 arte, los de algunos amigos, imagino…

–A ver –dice Álvaro mirando los teléfonos y las fotos–… Sí, sí, llama a las amigas y amigos de siempre.

–Y no hay nada más –dice Daniel.

–¿Y si ha borrado los mensajes y el registro? –pregunta Robin.

25 –Si tenía miedo de ser descubierta, eso sería muy normal, ¿no? –dice Claudia.

–No, no ha borrado nada. Ya lo he comprobado –asegura Daniel.

–Pues no lo entiendo –dice Ana–. Miremos las fotos…

---

1 respirar **atmen** | 24 borrar **löschen**

Pasan fotos y fotos: *selfies* en sitios bonitos o en tiendas y restaurantes, fotos de grupo, fotos con amigos, fotos en exposiciones de arte, fotos con Julián y sus hijos. Nada raro ni anormal.

–Esto es extrañísimo –dice Ana.

–Bueno –dice Álvaro–, tiene una relación clandestina y es una persona inteligente, imagino que tiene cuidado.

–O, tal vez, tiene otro móvil –comenta Claudia–. Un móvil solo para relacionarse con ese hombre.

–Entonces –dice Ana– tendremos que entrar en su habitación y en su estudio para encontrarlo…

–O… –dice Robin dejando la frase sin terminar.

–¿O qué, Robin?

–O, a lo mejor, el amante es alguien conocido –continúa Robin.

–¿Alguien conocido? –pregunta Álvaro–. No lo había pensado…. Pero, ¿quién?

–Bueno, tranquilos. Pronto lo sabremos –dice Daniel.

–¿Por qué? –le pregunta Claudia.

–Pues porque estudio informática, tíos, y, además de descargar la información del móvil, le he puesto una aplicación para controlar todas las llamadas y mensajes…

–¡Eres un *crack*! –le dice Álvaro.

–Un crack, no. ¡Un *hacker*! –dice Robin.

–Jejeje. Hago lo que puedo –confiesa Daniel.

La noticia del robo ha salido por la mañana en los periódicos y en los informativos de la tele y tanto Julián como Alejandra reciben muchísimas llamadas de amigos y conocidos preocupados por ellos. Todo queda registrado en el ordenador de Álvaro.

Después de comer, Alejandra recibe una llamada de su amiga Nicole y, luego, una de su gran amigo de la infancia, Carlos Castell, el padrino de Álvaro. La escuchan desde el estudio del jardín.

—¿Cómo va todo, Alejandra?

—Si te digo la verdad, todo va mal, Carlos. Muy mal. Es horrible.

—¿Quieres que pase a última hora de la tarde a verte? Con la moto llego enseguida…

—No, Carlos. Gracias, de verdad. Dentro de un rato saldré a dar una vuelta. Necesito salir de aquí. Estoy agobiada. No he tenido ni un minuto de soledad desde ayer. Ya hablamos.

—De acuerdo. Cuando quieras. Un beso. Y mucho ánimo.

Cuando termina la conversación Álvaro dice:

—Tíos, este no puede ser el amante. Es mi padrino. Está casado con una mujer estupenda y tienen cuatro hijos…

—Pero esta conversación es importante, colegas —dice Claudia— porque ahora sabemos que vuestra madre va a salir esta tarde. Tenemos que estar preparados para seguirla.

— ¿Y cómo lo vamos a hacer? —pregunta Ana.

Las películas y las series que han visto les ayudan a organizar la tarde. Unos irán en el coche de Claudia y dos en la moto de Daniel, así Alejandra no se dará cuenta de que la siguen.

Cuando ven que Alejandra está preparada para salir, Claudia, Álvaro y Ana se van corriendo al coche para no perder tiempo. Daniel y Robin suben a la moto. Con los cascos Alejandra no podrá reconocerlos.

---

2 la infancia Kindheit | 3 el padrino Patenonkel | 9 dar una vuelta spazieren fahren |
10 agobiado erschöpft | 11 la soledad Alleinsein | 12 ánimo Kraft | 25 el casco Helm

Y empieza la acción. Alejandra baja del tranquilo y exclusivo barrio de Pedralbes al Paseo de Gracia y entra en un parquing.

–Seguro que va a comprarse ropa o algo. Aquí están las tiendas que le gustan –dice Ana.

Pero no va a ninguna tienda. Cuando sale del parquing, va directamente a un edificio modernista al lado de la Casa Batlló y llama a un timbre. La puerta de la calle se abre y Alejandra entra.

–¿Y ahora cómo podemos saber a qué piso ha ido? –dice Álvaro detrás de la enorme cola de turistas que esperan para entrar en las casas modernistas de la "manzana de oro".

–Ni idea –dice Ana–. ¿Tú sabes si alguno de sus amigos vive aquí, Álvaro?

–No, ni idea. Pero es posible.

"Sí, muy posible –piensa Claudia– Aquí vive gente con mucha pasta".

En ese momento llegan Daniel y Robin:

–Tíos, ya sabemos dónde ha ido…

–¿En serio?

–Sí, hemos hecho una foto con el móvil cuando llamaba al timbre. Foto con zoom a tope –dice Daniel–. Está en el cuarto segunda.

–Genial.

–Ahora tenemos que entrar en el portal y mirar los buzones para ver quién vive allí.

Daniel y Robin, con los cascos de la moto puestos para no ser reconocidos, esperan delante del portal hasta que, por fin, sale una persona y pueden entrar.

---

2 Paseo de Gracia *Prachtboulevard in Barcelona* | 6 modernisto *Im architektonischen und künstlerischen Stil des modernismo Ende des 19. Jahrhunderts.* | 7 el timbre Klingel | 15 la pasta *coloq* = dinero, con mucha pasta = con mucho dinero | 20 a tope *juv* = al máximo, maximal | 23 el portal Eingangsbereich | 23 el buzón Briefkasten | 26 reconocer (→ conocer) erkennen

Daniel le manda un *whatsapp* a Álvaro:

Pero en ese momento se abre la puerta del despacho. Manuel Rojas despide a Alejandra:

–Tranquila, mi amor. Todo saldrá bien –le dice besándola y abrazándola.

–¿Estáis de coña? ¿Manuuuuueeeel el amante de mamá??? ¿Manuel Rojas? ¿El "tío" Manuel? –pregunta sorprendidísima Ana, cuando, después, se entera de la noticia– Es alucinante. Totalmente alucinante.

–La verdad es que sí –dice Álvaro, muy sorprendido–. Pero una cosa está clara: Manuel Rojas no es el ladrón. Es el amante de mamá, sí. Pero no el ladrón. Si hay algo que él no necesita, es dinero.

---

6 **estar de coña** *loc coloq* veräppeln, Spaß machen | 8 **alucinante** *juv* = increíble, unglaublich

6. Larga espera

–Por suerte ya podemos estar tranquilamente en el jardín. En el jardín y en toda la casa –dice Julián al día siguiente empezando a desayunar–. Tener policías hasta en la sopa no es muy agradable…

"Bueno, eso de 'estar tranquilamente' es un decir –piensa Álvaro– Todos estamos tensos, nerviosos, enfadados … Además, pobre papá, algún día se enterará de que mamá tiene un amante. No va a ser fácil para él".

–Papá, siento la discusión del otro día…– le dice Álvaro a su padre–. Sigo pensando que fuiste injusto con Daniel y que tendrías que disculparte. Pero yo no quiero estar enfadado contigo. Ya tenemos bastantes problemas ahora mismo. O sea que perdona.

Julián mira fijamente a Álvaro. De repente descubre que delante no tiene a un adolescente sino a un adulto.

–Perdonado –dice Julián–. Pero Ana se pasó mucho conmigo…

–Ana dijo cosas muy duras, es verdad. Y, además, delante de todos. Pero, tú y yo sabemos que dijo la verdad. La herencia es de la familia de mamá y vivimos así de bien gracias a los Rius. Ya es hora de aceptar la realidad.

–Los Rius, los Rius, los Rius, siempre los Rius…. Yo también he trabajado mucho y soy un buen arquitecto…

–Sí, cierto, papá. Pero si viviéramos solo de tu trabajo, seríamos una familia burguesa, pero no tendríamos ni la mitad de lo que tenemos.

En ese momento llega Daniel.

–Hola, buenos días. ¿Qué tal?

–Daniel –le dice Julián muy serio–, te quiero pedir disculpas por sospechar de ti y por decírselo a la policía.

---

4 hasta en la sopa *loc coloq* ständig und überall antreffen | 16 pasarse mucho = tratar mal a alguien, respektlos sein | 23 viviéramos (*imp. de subj von vivir*) wir würden leben

Daniel se queda muy impresionado, mira a Álvaro, y no sabe qué decir.

"Jolín –piensa Daniel–. El "gran señor" Julián Egea pidiendo disculpas. Alucino".

5 —No te preocupes, Julián –dice Daniel diplomáticamente –. Ya pasó. Pero gracias.

Al cabo de un rato llega Claudia y todos los amigos deciden ir a la piscina.

—¿Y ahora qué? –pregunta Daniel.

10 —Pues nada –contesta Álvaro–. No podemos hacer nada. Todo está en manos de la poli.

—Solo podemos esperar –comenta Claudia.

—Odio esperar –dice Álvaro.

De repente llega Robin corriendo:

15 —Eh, colegas, dice Ana, que vayáis corriendo al salón. Es urgente.

Media hora después la inspectora Martín y varios policías más entran en la casa:

—Entonces, señor Egea, ¿qué es lo que ha pasado exactamente?
20 –pregunta la inspectora.

—Pues estábamos aquí, en el salón, mi mujer y yo, y ha sonado el teléfono de casa. Lo he cogido y era una voz muy extraña que me ha dicho que, si queremos recuperar los cuadros y las joyas, tenemos que pagar un rescate antes de veinticuatro horas.

25 —¿Le ha dicho la cantidad de dinero que quieren?

—Sí. Cuarenta millones de euros –contesta Julián.

---

1 impresionado beeindruckt | 15 vayáis corriendo *(presente de subj von ir corriendo)* ihr sollt kommen | 23 recuperar wiederhaben | 24 el rescate Lösegeld | 25 la cantidad Menge

"¿Cuarenta millones de euros? –Robin cree que no ha entendido bien la cantidad.– ¿Esta familia puede tener cuarenta millones de euros? Flipo".

–Señor Egea, ¿está seguro de que esa es la cantidad? ¿Cuarenta millones de euros? –pregunta la inspectora.

–Segurísimo.

–¿Y disponen ustedes de esa cifra? –sigue preguntando la inspectora.

Julián mira a Alejandra, la propietaria del dinero de los Rius:

–No lo sé seguro. Tendría que hablar con mi abogado –dice Alejandra.

–Llámelo, señora Rius, y dígale que venga, por favor. Es urgente, muy urgente.

"Oh, noooo –piensa Ana-. Ahora el tío Manuel, el 'querido' amante de mamá, vendrá aquí y tendremos que disimular todos".

– Mientras tanto –sigue la inspectora– nosotros vamos a montar una instalación para intentar localizar la llamada.

–Por favor –dice Alejandra–. Sean discretos. Nos han dicho que no podíamos avisar a la policía.

–No se preocupe. Seremos muy discretos. Es nuestro trabajo.

Cristina Martín va a un rincón del jardín con dos investigadores de la policía:

–Chicos, esto es muy raro. Hasta ahora parecía que se trataba de un robo organizado por una red de traficantes de arte o por alguna mafia. Pero este rescate me hace pensar que se trata de ladrones aficionados que no pueden vender las obras robadas en el mercado negro… Estos tíos no son profesionales, intuyo.

---

7 la cifra Summe | 15 disimular sich verstellen, sich nichts anmerken lassen | 17 localizar orten | 20 No se preocupe. Machen Sie sich keine Sorgen. | 24 el traficante Händler, Dealer | 26 aficionado Amateur-

–Lo dices porque el rescate es demasiado bajo, ¿no? –pregunta uno de los policía.

–Efectivamente, ¿por qué pedir una cantidad que podrían conseguir vendiendo uno de los cuadros o algunas joyas? Eso significa que no saben dónde venderlos…

–Entonces, tenemos que ampliar nuestra búsqueda –dice uno de los policías–. No solo nos interesan los traficantes habituales, galeristas y coleccionistas, sino también los ladrones de pisos y de tiendas.

–Exacto. Y una cosa más –les dice la inspectora a sus hombres–. Vigilad el entorno de la familia: amigos, familiares, conocidos… Mirad cómo va el matrimonio, si se entienden bien, si tienen o han tenido otras relaciones, … Si los ladrones no son expertos en arte, pueden estar cerca. Muy cerca.

–Entendido, jefa. Ahora mismo.

Unas horas más tarde el salón está lleno de gente otra vez: detectives y técnicos de sonido de la policía, el representante de la compañía de seguros y el abogado de la familia, Manuel Rojas.

Cuando llega, saluda a Álvaro y a Ana y les dice:

–¿Qué tal estáis vosotros dos? Siento mucho lo que estáis pasando. Pero no os preocupéis. Saldrá todo bien.

"¿Qué no nos preocupemos? –piensa Álvaro–. ¿Ha dicho que no nos preocupemos? Todo va a cambiar en mi familia ¿y no tenemos que preocuparnos? A lo mejor recuperaremos el dinero, ¿pero, y nuestra familia?". Sin embargo, Álvaro decide no decir nada. Sonríe y calla.

–Señores –dice la inspectora–. Todo está preparado. Cuando recibamos una nueva llamada, podremos localizarla si hablan más de cuarenta segundos.

---

6 ampliar ausweiten | 6 la búsqueda (→ buscar) Suche | 11 el entorno Umgebung | 17 la compañía de seguros Versicherung(sgesellschaft) | 21 no es preocupéis macht euch keine Sorgen | 28 recibamos (*presente de subj von recibir*) wir erhalten

–¿Solo cuarenta segundos? –pregunta Alejandra.

–Sí, con ese tiempo podemos saber desde dónde llaman y también hacer un reconocimiento de voz.

–¿Y si no conseguimos hablar cuarenta segundos?–pregunta Julián.

–Entonces tenemos un plan B.

Cuando suena el teléfono, todos se quedan en silencio.

–¿Diga? –dice Julián.

–Mañana a las 18 en punto en el centro comercial Las Arenas. Lleve el dinero en billetes de 50 y 100. Espere delante de Zara. Recibirá instrucciones. Vaya solo.

–Espere, espere, no cuelgue… –dice Julián–. Han colgado.

–Doce segundos, inspectora –dice un policía.

–Habéis grabado la conversación, ¿verdad? –pregunta la policía a sus hombres– .Veamos qué podemos hacer. Volvemos en unos momentos. No se vayan de la casa.

Robin ve que Ana está muy seria, sentada en un sofá de un rincón del salón:

–¿Preocupada, Ana?

–Preocupada, enfadada, nerviosa, con rabia…. Uf.

–Menudo mal rollo todo esto.

–Muy mal rollo.

–¿Sabes? Te entiendo muy bien. Yo también he vivido problemas familiares gordos –confiesa Robin.

–¿En serio?

–Sí, tres meses antes de venir a Barcelona mis padres se separaron.

–Todos se separan. Es como un virus –dice Ana.

---

3 el reconocimiento de voz Stimmenerkennung | 9 Las Arenas *Einkauszentrum an der Plaza España, das aus einer ehemaligen Stierkampfarena entstanden ist.* | 10 lleve *(Imperativ von llevar)* bringen Sie | 10 espere *(Imperativ von esperar)* warten Sie | 12 cuelge *(Imperativ von colgar)* (Telefon) legen Sie auf | 14 grabar aufnehmen | 21 un mal rollo *loc coloq* traurig, ätzend

–Ya, pero es que mi padre se fue de casa con la hermana mayor de mi novia, veinticinco años más joven que él.

–¡Qué horror! ¡Qué fuerte!

–Yo, un martes por la mañana, tenía una familia y una novia y, por la noche, no tenía nada. Bueno, sí, una madre deprimida, unos hermanos tristísimos y una exnovia.

–Jo, Robin. Lo siento.

–Gracias. Ahora ya estoy mejor. Poco a poco…

–Sí, poco a poco –Ana le coge la mano un momento.

–¿Saben ya si pueden conseguir el dinero del rescate, señores Egea? –pregunta la inspectora Martín.

–Sí, inspectora –dice Manuel Rojas– mis clientes pueden conseguirlo para mañana, pero, ¿qué garantías tenemos de recuperarlo?

–Garantías no tenemos. Pero trabajamos para poder recuperarlo todo, por supuesto: el dinero, las obras de arte y las joyas. Esto es lo que haremos –dice la inspectora Martín.– Mañana por la tarde, a las 17:00, irán al banco a recoger el dinero. El director les entregará el dinero en billetes marcados. Así, después, podremos seguirles la pista. ¿Entendido?

–Sí, inspectora.

–Después uno de ustedes, Julián o Alejandra, irá a la cita.

–Iré yo –dice Julián-. No quiero que mi mujer corra peligro. Y, además, soy yo el que ha hablado con ellos.

–De acuerdo –dice la inspectora–. Entonces usted irá al lugar de la cita con el dinero, un micrófono y un chip de localización. Habrá policías por todas partes y estará conectado todo el tiempo con nosotros.

–Entendido –dice, muy serio, Julián.

–Me imagino que, cuando llegue al centro comercial, le darán otra dirección para hacer el intercambio. Usted no aceptará dar el

---

19 la pista Spur | 22 corra peligro *(presente de subj von correr)* sich in Gefahr begibt | 29 llegue *(presente de subj von llegar)* ankommen

dinero hasta comprobar los cuadros y las joyas. Siempre tendrá policías sin uniforme a menos de cinco metros…

Siguen hablando bastante rato de todos los detalles de la operación del día siguiente. Cuando los policías se despiden, Claudia y Daniel salen al jardín a tomar el aire. Necesitan estar solos y tranquilos un rato.

En un rincón cerca de la piscina está Julián hablando por el móvil. Habla muy bajito y parece muy nervioso.

–Pobre, Julián –dice Claudia. Es un imbécil, pero mañana tiene un día muy complicado y peligroso. Muy peligroso.

Cuando pasan por su lado, jugando con los perros, Daniel oye esta frase:

–Sí, sí, genial. Todo perfecto. Nos vemos por la tarde, amor.

"¿Cómo? ¿Ha dicho 'genial'? ¿Ha dicho 'todo perfecto'? ¿Ha dicho 'amor'? No entiendo nada, absolutamente nada –piensa Daniel". Y dice:

–Claudia, ¿tú has oído eso?

–Sí, sí, ¿no es muy raro?

–Rarísimo.

La inspectora Martín también lo ha oído.

---

10 peligroso **gefährlich**

7. El fin y el principio

Una enorme tensión se respira en el ambiente. En menos de media hora Julián Egea tiene que ir al banco a recoger el dinero.

–Usted irá en su coche –le dice la inspectora–, recogerá el dinero,
5 y, después, irá a Las Arenas. Cuando llegue allí, aparque el coche y vaya al lugar de la cita.

–Ok.

–Y, sobre todo, actúe con normalidad –le aconseja la inspectora Martín–, con total normalidad.

10 –De acuerdo, inspectora.

---

2 **respirar** (→ la respiración) atmen | 3 **recoger dinero** Geld abheben | 5 **aparque** (*Imperativ von aparcar*) parken Sie | 8 **actúe** (*Imperativ von actuar*) handeln Sie

−Recuerde que oiremos y veremos todo lo que pase. Si se siente en peligro, diga "Dalí" y mis hombres actuarán enseguida.

−Espero no tener que decirlo −confiesa, nervioso, Julián.

−Yo también lo espero −dice la inspectora− pero tenemos que tenerlo todo previsto.

−Por supuesto, por supuesto.

−Salga ahora. Mis hombres lo seguirán discretamente.

Álvaro y Ana se abrazan a Julián.

−Ten mucho cuidado, papá.

Y Alejandra le dice:

−Sí, por favor, Julián. Ten mucho cuidado. Tu vida es más importante que el dinero.

−Tíos, yo no soporto quedarme aquí sin hacer nada… −dice Álvaro en cuanto se despide de su padre.

−¿Y qué quieres hacer?

−No sé… Pero me gustaría asegurarme de que a papá no le pasa nada.

−¿Estás diciendo que quieres seguir a tu padre? −exclama Claudia−. ¡Estás loco!

−Te acompaño −dice Daniel−. Yo tampoco puedo estar aquí esperando.

−Pues a mí me encantaría ir a Las Arenas −dice Robin−. Todavía no he ido.

−Locos, completamente locos −dice Claudia−. Pero voy con vosotros.

Unos minutos después están en el Golf de Álvaro, siguiendo a los coches de policía que siguen a Julián.

−¡Pobre papá! −dice Álvaro−. Esto es lo más peligroso que ha hecho en su vida. Espero que todo salga bien.

---

1 recuerde *(Imperativ von recordar)* denken Sie daran | 7 salga *(Imperativ von salir)* gehen Sie | 9 ten cuidado *(Imperativ von tener)* hier: pass auf

–Seguro que saldrá bien, segurísimo –lo tranquiliza Daniel.

El Mercedes de Julián aparca delante de la puerta del banco. El director lo está esperando y le da una gran bolsa de deporte:

–Aquí tiene el dinero, señor Egea. Los billetes están numerados y marcados.

–Sí, la inspectora Martín me lo comentó. Me dijo que es para seguirles la pista.

–Exacto.

–¿Pero es fácil localizar a los ladrones a través del dinero? –pregunta, muy preocupado, Julián–.

–No, no es fácil, pero se puede saber si los delincuentes siguen en España o han cambiado de país…

–Comprendo.

Julián se levanta para irse.

–Suerte, señor Egea.

–Gracias. La necesitaré.

–Mira, tu padre ya sale del banco –dice Claudia.

Álvaro pone en marcha el coche.

El Mercedes de Julián, los coches de los policías y el de Álvaro van bajando hacia Las Arenas. Robin mira por la ventanilla: la Diagonal, la zona universitaria, el palacio de Pedralbes, el Corte Inglés, la estación de Sants, la Plaza España…

–¡Ya hemos llegado!

–¿Y ahora qué plan tenemos? –pregunta Robin.

–Pues aparcamos y nos vamos hacia Zara –dice Álvaro.

–¿No será peligroso, tío? –dice Robin asustado.

–Espero que no. En teoría estamos rodeados de policía por todas partes.

---

1 tranquilizar (→ tranquilo) beruhigen | 3 la bolsa de deporte Sporttasche | 11 el delincuente Verbrecher | 18 poner en marcha (Auto) starten | 20 la ventanilla (Auto)Fenster | 20 la Diagonal *eine der Hauptstraßen in Barcelona, die quer durch die ganze Stadt verläuft* | 21 el Corte Inglés *große, bekannte Warenhauskette in Spanien* | 22 la estación de Sants *zentraler Bahnhof Barcelonas* | 27 rodear umgeben, umzingeln

La inspectora Martín ve cómo Julián Egea llega a la plaza.

–Muy bien, señor Egea –le dice por el micro–. ¿Está usted preparado?

–Sí, inspectora.

–De acuerdo. Baje al parquing y aparque en el primer piso. Unos compañeros míos están aparcados en la plaza 1-250. Cuando vean su coche, dejarán la plaza libre. Es muy importante que aparque allí porque, si baja al segundo o al tercer piso, perderá la conexión con nosotros hasta que vuelva a subir al centro comercial, ¿entendido?

–Entendido.

–Luego, cuando salga del coche, seguimos hablando… ¿Todo claro?

–Clarísimo.

–Pues adelante, señor Egea. Vaya tranquilo.

Álvaro, Robin, Claudia y Daniel ven cómo Julián Egea entra en el parquing y baja para buscar aparcamiento.

La inspectora Martín va siguiendo a Julián por el ordenador:

–Está en el primer piso –les dice a sus compañeros que están dentro del coche–. Ahora Martínez y Baena van a salir de la 1-250 para dejarla libre. Ya salen. Perfecto. Y ahora Julián Egea va a aparcar allí. Eh, eh, eh, ¿pero qué está pasando? ¿Por qué no aparca?

La inspectora llama por radio a los policías del parquing.

–Aquí la inspectora Martín hablando con la unidad ZX.

–Unidad ZX al habla.

–Martínez, ¿cómo es que el señor Egea no ha aparcado en la plaza prevista?

–No lo sabemos inspectora. Nosotros hemos dejado la plaza libre, pero él ha seguido hacia el segundo piso.

La inspectora sigue mirando el ordenador:

–Ahora está en el segundo piso y ahora baja al tercero… ¡Vamos a perder la conexión! ¡Vamos a perder la conexión!

Y la pierden.

–Llamando a todos los policías de la planta baja del centro comercial –dice la inspectora Martín por radio–, bajen al parquing y busquen un Mercedes gris, matrícula 4288 MDG. Hemos perdido la conexión. Rápido.

Mientras tanto, la inspectora habla con uno de sus detectives:

–Tengo una mala sensación, Luis. Algo se nos escapa.

Por la radio los policías informan:

–Inspectora, hemos encontrado el Mercedes, pero vacío. Julián Egea no está por ninguna parte.

Álvaro, Claudia, Robin y Daniel toman el ascensor para subir a la primera planta donde está Zara. Tienen que ir con cuidado y disimular: su padre no puede verlos y la policía tampoco.

Zara está a unos diez metros del ascensor y son las 17:58.

"Papá todavía no ha llegado –piensa Álvaro–. Tiene que llegar antes de dos minutos. Debe estar súper nervioso. Todo es tan extraño y alucinante…"

De repente, un hombre de unos treinta y cinco años, se acerca a Álvaro y le dice casi al oído:

–¿Eres el hijo de Julián Egea?

–Sí.

–Sígueme. Tus amigos se quedan aquí.

Coge fuerte del brazo a Álvaro y lo mete dentro de los lavabos.

Por un momento Álvaro cree que es un secuestro.

–Toma. Esto es para ti.

---

9 busquen *(Imperativ von buscar)* suchen Sie | 12 la mala sensación Vorahnung |
12 escaparse entgehen | 27 Sígueme. Folge mir. | 28 el secuestro Entführung

El hombre se va y Álvaro abre la nota que le ha dado:

> Hijo:
>
> Sabía que no te ibas a quedar en casa. Tú eres así.
> Espero que Ana y tú me perdonéis. No vamos a vol-
> ver a vernos. Pero os quiero.
>
> Besos,
>
> Papá

Daniel, Robin y Claudia entran en los lavabos y encuentran a Álvaro, blanco, con taquicardia, sin poder hablar. Les enseña la nota.

–¿Y esto exactamente qué significa? –pregunta Daniel.

–Ni idea–dice Álvaro recuperándose un poco–. Pero me temo lo peor.

Álvaro llama a su hermana:

–Ana, hazme caso y no preguntes. Sube corriendo al despacho de papá y busca el portátil.

–Aquí está –dice Ana unos minutos después–. ¿Qué hago?

–La contraseña es "alvan".

–¿Y tú, cómo sabes la contraseña de papá?

– Ahora no importa, Ana. Abre el gmail y busca los últimos mensajes. ¡Corre!

–Los mensajes están borrados, Álvaro. No hay nada.

–¿Nada? ¿Nada de nada?... –Álvaro está desesperándose–. Espera, espera…. Dice Daniel que mires en "recientes".

---

3 la taquicardia Herzrasen | 6 recuperarse sich erholen | 9 no preguntes *(Imperativ von preguntar)* stell keine Fragen | 12 la contraseña Passwort | 17 desesperarse (→ desesperado) verzweifeln | 18 mires *(presente de subj von mirar)* schau | 18 reciente = nuevo, neu

–A ver… Aquí hay algo, sí. El último es un pdf. Es… es una tarjeta de embarque para dos personas.

–Dame el número de vuelo

–Es a Singapur, vuelo SIN9563. Hoy a las 20:10. ¿Qué está pasando, Álvaro?

–Te llamo en cinco minutos.

Álvaro, nerviosísimo, cuelga y llama a la inspectora Martín:

–Tenemos que hablar.

–Era el golpe perfecto –le comenta la inspectora Martín a su jefe–. Julián Egea sabía que Alejandra, su mujer, quería pedir el divorcio y eso significaba dejar de ser multimillonario. Y Julián no estaba dispuesto a renunciar al nivel de vida que tenía. Por eso, pagó a unos ladrones de segunda categoría para robar en la casa. Luego él se lo quedaba todo: el dinero, las joyas, las esculturas y los cuadros, más los cuarenta millones de rescate, y se iba a Singapur, un país sin tratado de extradición con España, con una jovencita que tiene de amante. Casi le sale bien. Pero lo detuvimos a tiempo.

–Felicidades, inspectora. Buen trabajo.

Un mes después, Robin está a punto de embarcar para Berlín.

–Me da mucha pena irme, de verdad –dice Robin.

–Y a nosotros que te vayas –le dice Claudia.

–Ha sido una experiencia muy…, muy… –Robin está buscando la palabra–… ¿especial?

–Muy 'especial', desde luego –contesta Álvaro–. Cuando llegaste, teníamos una familia y una fortuna, luego no teníamos la fortuna

---

1 la tarjeta de embarque Bordkarte | 9 el golpe *hier*: Einfall | 12 el nivel de vida Lebensstandard | 13 de segunda categoría zweitklassig | 16 el tratado de extradición Auslieferungsabkommen | 17 detener aufhalten | 20 embarcar abreisen, an Bord gehen | 22 vayas *(presente de subj von ir)* gehst

y ahora tenemos la fortuna, pero no la familia… Realmente 'especial'.

–Buen resumen –dice Daniel–. La verdad es no ha sido nada aburrido, ¿verdad, Robin?

–Jajaja, nada, nada aburrido. Bueno, colegas, tengo que embarcar. Daniel, Claudia, hasta muy pronto. Ana, Álvaro, mil gracias por todo y mucho ánimo, que ha sido muy *heavy* todo.

–Sí, muy, muy *heavy* –dice Álvaro mientras lo abraza.

–Toma, Robin –Ana le da un regalo–. Espero que te guste.

–Muchas gracias, Ana. A ver qué es….

Robin desenvuelve el paquete:

–¡Una carta de las fases de la luna y un libro sobre los signos del zodiaco! Jejeje. Gracias, Ana. Muchas gracias.

"Sí. Esto se parece a la felicidad –piensa Robin– O casi".

---

11 desenvolver **auspacken**

Abreviaturas y símbolos

coloq	=	coloquial, umgangssprachlich
juv	=	juvenil, Jugendsprache
loc	=	locución, idiomatischer Ausdruck
subj	=	subjuntivo
+ inf	=	mit Infinitiv
→	=	aus derselben Wortfamilie
≠	=	Antonym
=	=	Synonym

Fundación Tapias, cerca del Paseo de Gracia

Casa Battló

Plaza de España

Las Arenas de Barcelona